푸른숲주니어

# 재활용 지구

애나 클레이본 글 · 김선영 옮김

푸른숲주니어

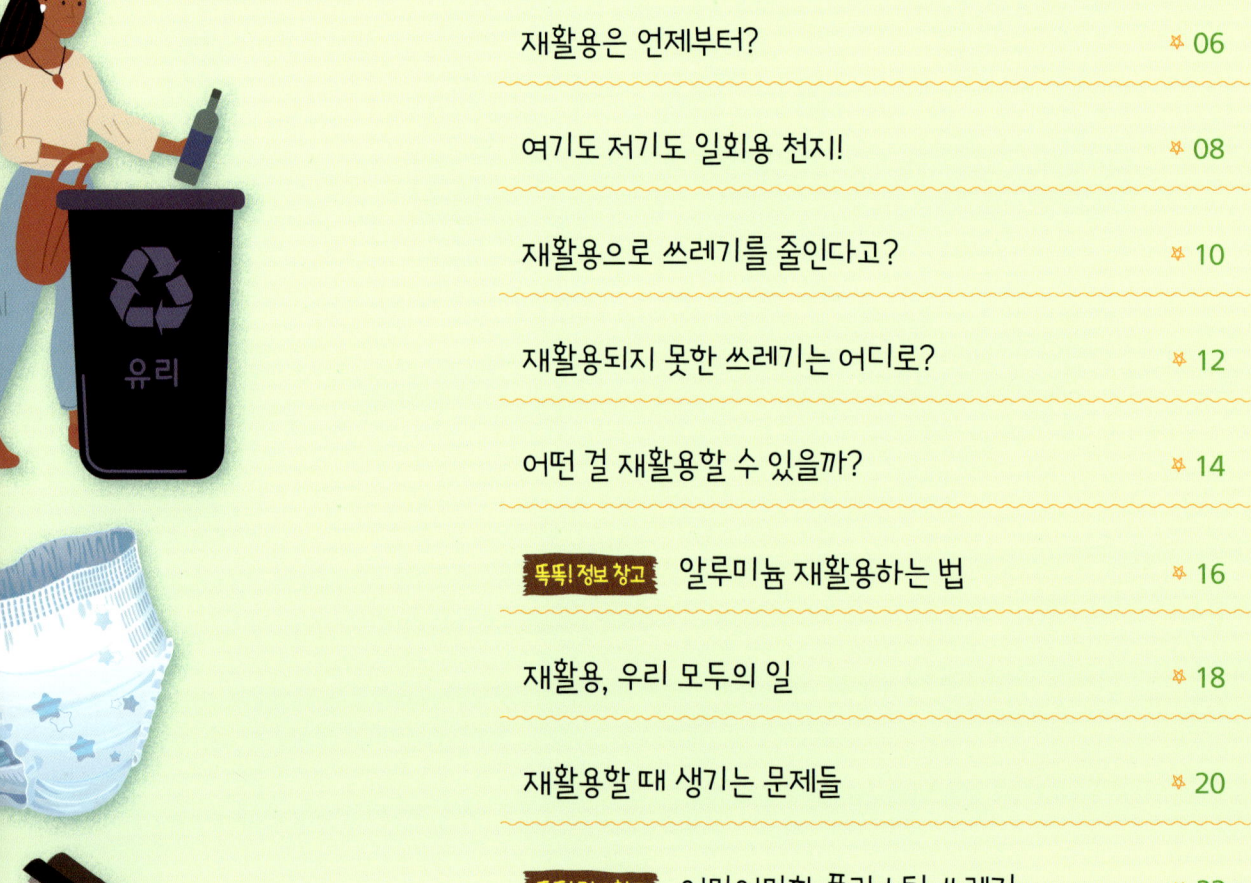

# 차례

| | |
|---|---|
| 쓰레기가 너무너무 많아! | 04 |
| 재활용은 언제부터? | 06 |
| 여기도 저기도 일회용 천지! | 08 |
| 재활용으로 쓰레기를 줄인다고? | 10 |
| 재활용되지 못한 쓰레기는 어디로? | 12 |
| 어떤 걸 재활용할 수 있을까? | 14 |
| 똑똑! 정보 창고 　알루미늄 재활용하는 법 | 16 |
| 재활용, 우리 모두의 일 | 18 |
| 재활용할 때 생기는 문제들 | 20 |
| 똑똑! 정보 창고 　어마어마한 플라스틱 쓰레기 | 22 |
| 세계 곳곳에서는…… | 24 |

| 똑똑! 정보 창고 | 쓰레기를 줍는 사람들, 자발린 | 26 |

다양한 재활용 방법　　　　　　　　28

재활용하는 습관 들이기　　　　　　30

나들이를 갈 때는 이렇게!　　　　　　32

어떤 걸 사야 할까?　　　　　　　　34

| 똑똑! 정보 창고 | 청바지 한 벌의 기나긴 여정 | 36 |

나만의 재활용 센터　　　　　　　　38

반짝반짝! 재활용 아이디어　　　　　40

궁금해! 재활용의 미래　　　　　　　42

이것도 알아 두면 좋아요!　44

똑똑! 재활용 용어　46

# 쓰레기가 너무너무 많아!

과자 봉지, 택배 상자, 채소 껍질, 낡은 의자……. 우리가 쓰고 버린 것들은 다 어디론가 가야 해요. 우리 지구에는 수십억 명의 사람들이 살아요. 그렇게 많은 사람이 쓰고 난 물건을 함부로 버리는 바람에 쓰레기가 엄청나게 쌓여 가고 있어요.

## 지금도 쓰레기통에는……

이런 것들이 버려지고 있어요.

- 구형 휴대폰
- 빈 음료수 병
- 식품 포장재
- 공장과 농장, 상점에서 나오는 쓰레기
- 샴푸 용기
- 구형 컴퓨터
- 신문과 잡지
- 낡은 옷가지
- 음식물 쓰레기
- 식당이나 푸드 코트에서 나오는 먹다 남은 음식

엄청나게 많아요!

## 세계 인구도 늘고 쓰레기도 늘고

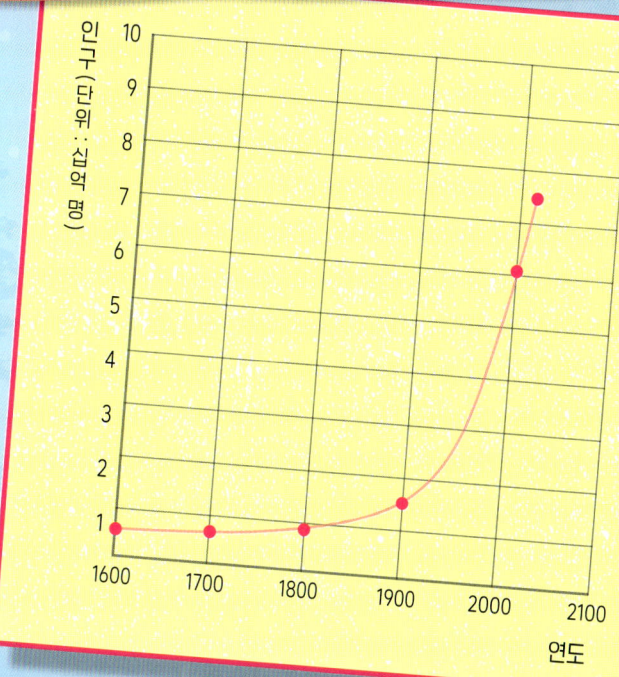

쓰레기는 해마다 더 많이 쌓이고 있어요. 우리가 만들어 내는 쓰레기의 양이 점점 더 증가하고 있기 때문이에요. 왼쪽 그래프에 나타나 있는 것처럼, 세계 인구 역시 해마다 늘어나고 있어요. 사람들은 끊임없이 새로운 물건을 사고 쓰고 버리고 있지요.

## 너도나도 재활용!

이대로 가다가는 지구가 쓰레기로 뒤덮일지도 몰라요. 우선 우리가 만들어 내는 쓰레기의 양을 줄여야 해요. 재활용은 쓰레기를 줄일 수 있는 매우 좋은 방법이에요. 물건을 한 번 쓰고 버리지 않고, 여러 가지 방식으로 다시 사용하는 거지요. 이미 우리는 쓰레기 가운데 일부를 재활용하고 있어요. 우리가 살아갈 지구의 환경을 위해서는 그 범위를 더 넓혀야 해요.

이 책에서는 우리가 재활용을 통해 쓰레기를 어떻게 줄일 수 있는지 이야기할 거예요. 여러분이 직접 실천할 수 있는 일들도 소개할 테니까 함께 노력해 봐요.

# 재활용은 언제부터?

사실 재활용은 최근에 생겨난 말이 아니에요. 이미 수천 년 전부터 재활용을 하고 있었거든요. 옛날에는 어떻게 재활용을 했는지 한번 살펴볼까요?

## 오래전 옛날에는……

옛날에는 물건을 만들거나 새로 사는 게 지금처럼 쉽지 않았어요. 그래서 물건을 많이 갖고 있지 않았을 뿐 아니라 가능한 한 오래오래 사용했지요. 그만큼 쉽게 버리지 않았다는 뜻이에요. 그럴 수밖에 없었으니까요. 그러니까 19세기에는 지금처럼 우유를 마트에서 팩이나 병으로 사지 못했어요. 그때는 농장에서 직접 짠 우유를 큰 통에 담아 거리에서 팔았거든요. 그러면 사람들이 각자 병이나 주전자를 가지고 나와서 우유를 사 갔지요. 당연히 마트는 없었고요.

19세기 잉글랜드 런던의 우유 장수

## 사료 자루를 옷으로?

1930~1940년대 미국의 회사들은 가축 사료를 천으로 만든 포대에 담아서 팔았어요. 이걸 '사료 자루'라고 불렀는데요. 다양한 무늬와 색상으로 염색이 되어 있었다지요. 그래서 사람들은 이 사료 자루를 깨끗이 빨아 꿰맨 뒤 옷을 지어 입을 수 있었어요.

## 부서진 벽의 기와로 새 벽을 만든다고?

중국 동부 해안 지방에는 태풍이 잦아요. 그만큼 태풍이 몰고 온 거센 비바람에 건물들이 무너지는 일도 많았지요. 사람들은 부서진 건물에서 자갈과 기와 등을 떼어 내 새로운 벽을 세우는 데 사용했지요. 이렇게 하는 걸 '와판'이라고 부른답니다.

와판 공법을 현대식으로 활용한 모습이에요!

## 선사 시대에도 재활용을?

선사 시대에도 재활용을 했어요! 그 시대 사람들은 주먹 도끼가 무뎌지면 여러 조각으로 깨뜨려서 돌칼이나 화살촉으로 만들었지요. 또 오래된 금속 물건을 녹여서 새 물건을 만들기도 했고요. 그러고 보니, 재활용의 역사가 무지무지 기네요.

### 자연에도 재활용이 있다고?

자연의 순환 방식이 바로 재활용이지요. 물을 예로 들어 볼까요? 물은 흐르고 흘러 바다로 가요. 바다에서 물이 증발해 구름으로 만들어지고, 구름은 비가 되어 땅으로 내리지요. 그 빗물은 땅으로 스며든 뒤, 흘러 흘러 다시 바다로 돌아가요.

오래된 주먹 도끼 → / 새로운 작은 칼날 →

# 여기도 저기도 일회용 천지!

100여 년 사이에 우리는 꽤 많은 것을 버리고 있어요. 주변이 온통 '단 한 번만 사용하는' 일회용 물건으로 둘러싸여 있기 때문이지요. 일회용 휴지, 일회용 컵, 일회용 장갑, 일회용 그릇 등등. 일회용 물건들이 넘쳐나고 있어요. 어쩌다 이렇게 되었을까요?

## 싸고 단단한 플라스틱

요즘에는 많은 물건이 비닐이나 플라스틱으로 포장되어 나와요. 그렇지만 플라스틱은 고작 200년 전만 해도 이 세상에 존재하지 않았어요. 19세기에 처음 발명되었는데, 전 세계에서 널리 사용하기 시작한 것은 20세기에 들어서서거든요. 플라스틱은 단단한 데다 물이 새지 않아요. 무엇보다 값싸게 만들 수 있지요. 그래서 사람들은 플라스틱을 온갖 물건에 사용하기 시작했어요. 일회용 포장재도 그중 하나예요.

너도나도 나일론 양말을 신기 시작했어요.

### 1930

합성 섬유를 발명했어요. 합성 섬유는 나일론을 시작으로 폴리에스터, 스판덱스 등으로 다양하게 만들어졌어요.

## 사고, 또 사고!

19세기와 20세기를 거치면서 많은 나라가 이전보다 훨씬 더 부유해졌어요. 그만큼 사람들은 쓸 돈이 많아져서 소비가 늘어났고, 기업은 광고를 만들어 새 물건을 사서 쓰라고 부추겼지요. 그래서일까요? 사람들은 언젠가부터 옷장에 옷이 그득한데도 새롭게 유행하는 옷을 사기 시작했답니다. 이처럼 꼭 필요하지 않은데도 새 물건을 자꾸 사는 걸 '소비문화'라고 해요. 소비문화가 번지면서 멀쩡한데도 버려지는 물건이 엄청 많아졌어요.

**1950**

일회용 비닐봉지를 발명했어요.

일회용 기저귀가 엄청난 인기를 끌었어요.

컴퓨터 칩을 발명했어요. 값싼 전자 기기나 제품을 만드는 데 사용했지요.

**1940**

**1960**

## 이제는 포장이 필요해

다른 분야에도 변화가 생겨났어요. 수많은 물건이 전 세계로 운반되기 시작했거든요. 바야흐로 나라와 나라 사이에서 수출과 수입이 활발해진 거예요. 오랜 시간 이동을 할 때, 물건이 부서지지 않도록 하기 위해서는 포장을 해야 했지요. 플라스틱과 비닐 포장지, 택배 상자 등을 이용해서요. 그만큼 쓰레기가 늘어날 수밖에 없었답니다.

### 일회용 시대!

전 세계의 공장에서 해마다 만들어 내는 일회용 화장지의 양은 2천만 톤이 넘어요. 기저귀의 개수는 1,000억 개, 일회용 플라스틱 병은 5,000억 개가 넘게 만들어지고 있지요.

# 재활용으로 쓰레기를 줄인다고?

이미 만들어 낸 쓰레기를 없었던 걸로 되돌리기는 어려워요. 그렇지만 최대한 많이 재활용을 한다면, 여러 과정에서 쓰레기를 줄일 수는 있어요.

### ❶ 원료 채굴 과정에서

어떤 물건을 재활용하면 그걸 만드는 데 쓰이는 자원을 절약할 수 있어요. 유리병을 재활용한다고 생각해 볼까요? 유리는 주로 모래를 원료로 만들어요. 모래를 채굴하는 과정에서 오염이 생길 수도 있고, 야생 동물의 서식지에 해를 끼칠 수도 있지요. 그리고 채굴을 하려면 전기나 석유 같은 연료를 많이 써야 해요.

### ❷ 운반 과정에서

자원은 채굴된 장소를 떠나 어딘가로 운반되어요. 운반을 하려면 연료를 써야 하는데, 그 과정에서 오염 물질이 발생하지요. 물건을 재활용하면 어떻게 될까요? 운반할 때 들어갈 연료와 그 과정에 나오는 오염 물질을 줄일 수 있겠지요?

## 공간도 절약하고 오염도 줄이고!

여러분이 유리병 또는 다른 물건을 재활용하면 쓰레기 매립장으로 가지 않게 되어요. 그러니까 재활용을 하게 되면 공간도 절약하고 오염도 줄이는 셈이에요. 이런 게 바로 일석이조죠!

### ❹ 배송 과정에서

다 완성된 물건은 필요한 곳으로 배송해야 해요. 긴 여정을 거쳐 물건이 마지막으로 도착하는 곳은 바로 우리가 쇼핑하는 가게가 되겠지요? 재활용을 하면 배송할 일이 줄어드는 셈이니까 그만큼 연료를 아낄 수 있어요.

### ❸ 가공·생산 과정에서

공장에서는 갖가지 원료로 여러 가지 물건을 만들어요. 모래는 유리로, 석유는 플라스틱으로, 나무는 종이나 판지 등으로요. 물건을 재활용하면 여기에 쓰이는 원료가 절약되어요. 그뿐 아니라 가공 과정에서 나오는 오염도 줄어들지요.

## 분리수거가 중요해

분리수거를 잘하면 재활용하기가 한결 수월해져요. 그런데 분리수거한 유리병은 어떻게 재활용할까요?

★ 유리병을 재활용품 수거함에 집어넣어요.
★ 관할 업체에서 수거해 간 뒤, 재활용 공장으로 운반해요.
★ 공장에서 세척한 후 녹여서 새로운 병으로 만들어요.

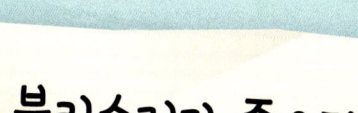
유리병 재활용 과정

# 재활용되지 못한 쓰레기는 어디로?

쓰레기 매립장은 재활용되지 못한 물건들이 마지막으로 도착하는 곳이에요. 매립장에서는 구덩이를 파서 쓰레기를 묻거나 언덕같이 높다랗게 쌓아 두어요.

## 버려진 쓰레기는 매립장으로!

### 쓰레기에 관한 서늘한 진실

★ 평균적으로 한 사람이 3개월간 버리는 쓰레기의 양은 자신의 체중과 맞먹어요.

★ 작업장이나 건축업계에서는 그것보다 더 많은 쓰레기가 쏟아져 나와요.

★ 전 세계 쓰레기의 3분의 1 이상이 쓰레기 매립장에 버려져요.

사람들이 물건을 많이 쓰면 쓸수록 쓰레기를 버릴 공간도 점점 더 많이 필요해요. 사람들은 땅에다 구덩이를 파서 쓰레기를 묻기 시작했어요. 심지어 건물을 지을 목적으로 바윗덩이를 파낸 뒤에 생긴 구덩이에 쓰레기를 채워 넣기도 했지요. 그 위를 흙이나 시멘트로 덮고 다시 보통의 땅처럼 사용하는 거예요.

## 독소

표백제, 차량용 배터리액, 염료, 형광등 전구의 수은 등은 땅을 오염시키고 동물에게 해를 끼칠 수 있어요.

### 쓰레기 매립장을 둘러싼 문제점들

여러 종류의 쓰레기를 마구 섞어 한꺼번에 버리는 방식은 심각한 문제를 일으킨다고 해요. 예를 들면…….

## 공간

공간이 점점 부족해지고 있어요. 매립장을 계속 새로 만들 수는 없잖아요!

## 침출수

'침출수'란, 쓰레기 매립장에서 흘러나오는 더러운 물을 말해요. 이 물은 결국 강으로 흘러 들어가지요. 침출수는 쓰레기 위로 비가 내리면서 만들어지는데, 그때 쓰레기의 화학 성분이 물에 녹아든다고 해요.

## 공기 오염

물질은 썩으면서 메테인과 같은 몸에 해로운 기체를 내뿜어요. 그만큼 공기가 오염되지요.

## 우리 동네는 안 돼!

쓰레기는 보기에 좋지 않을뿐더러 냄새도 지독하지요. 쥐 등을 끌어들이기도 하고요. 그래서 대부분의 사람들은 자신의 집 근처에 쓰레기 매립장 짓는 걸 반대해요.

## 보다 안전한 현대식 매립장

현대식 쓰레기 매립장은 앞에서 말한 여러 가지 문제를 해결할 수 있어요. 그렇지만 현대식 매립장은 건설하고 운영하는 데 비용이 많이 들기 때문에, 모든 쓰레기 매립장이 다 이런 시설을 갖추고 있지는 않아요.

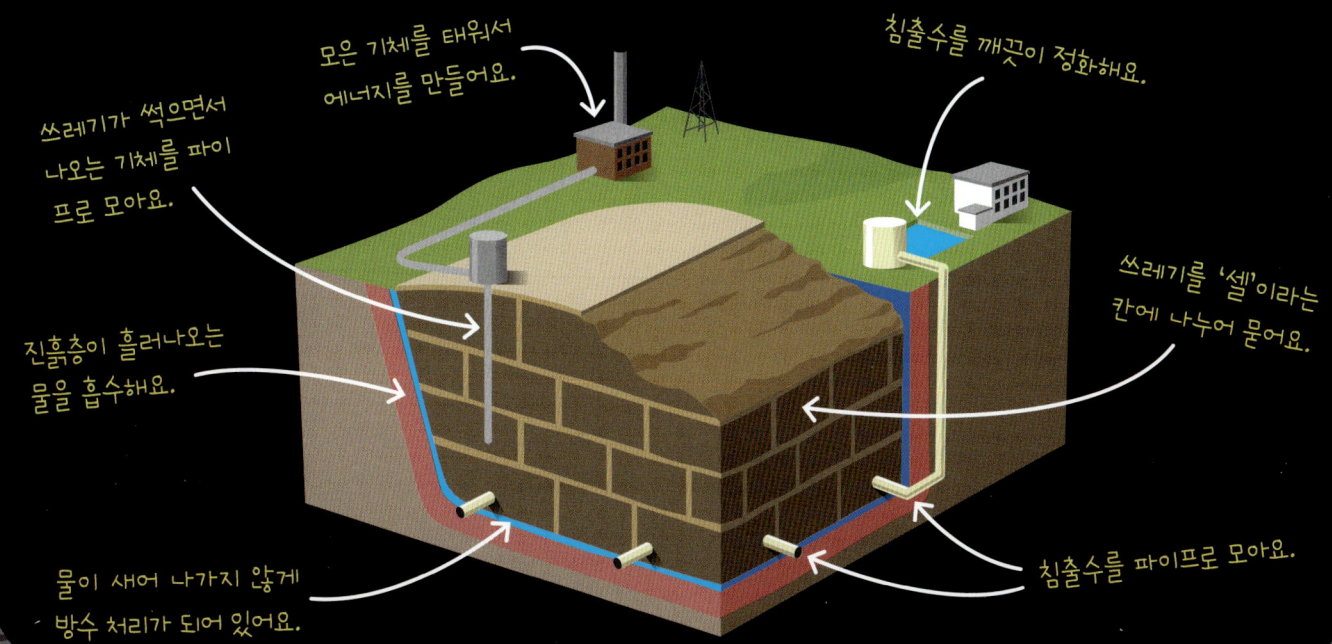

- 모은 기체를 태워서 에너지를 만들어요.
- 침출수를 깨끗이 정화해요.
- 쓰레기가 썩으면서 나오는 기체를 파이프로 모아요.
- 쓰레기를 '셀'이라는 칸에 나누어 묻어요.
- 진흙층이 흘러나오는 물을 흡수해요.
- 침출수를 파이프로 모아요.
- 물이 새어 나가지 않게 방수 처리가 되어 있어요.

# 어떤 걸 재활용할 수 있을까?

종이나 골판지, 캔, 유리병을 재활용하는 건 익숙할 거예요. 그런데 우리가 일상에서 쓰는 물건을 찬찬히 둘러보면 그것 외에도 재활용할 수 있는 것들이 꽤 많답니다.

## 종이와 골판지

종이와 골판지는 나무 섬유를 잘게 잘라 만드는 것이기 때문에, 잘 으깨서 다시 종이나 골판지로 활용할 수 있어요.

## 직물

낡은 옷이나 모자 등의 원단은 재활용해서 새 원단이나 가구용 충전재, 단열재 등으로 만들 수 있어요.

## 금속

금속은 녹여서 새로운 모양으로 만들기가 비교적 쉬워요. 통조림 캔이나 알루미늄 캔, 철제 캔뿐만 아니라 구리나 놋쇠, 납도 재활용할 수 있지요. 또 은이나 금처럼 값비싼 귀금속도 재활용할 수 있어요.

## 유리

유리도 재활용하기 쉬운 물질이에요. 녹여서 손쉽게 새 제품을 만들 수 있거든요.

### 음식물 쓰레기

사람들이 먹다 남긴 음식, 채소 껍질, 달걀 껍데기, 차의 티백 등은 재활용해서 비료로 만들어요.

### 자동차 부품이나 폐품도 재활용!

낡은 자동차를 분해해서 쓸 만한 부품을 골라내면 다시 사용할 수 있어요. 오래된 가구와 벽난로, 도로 포장재, 벽돌 등에서도 쓸모 있는 부분을 거두어들여서 다시 쓸 수 있지요.

### 생활 속 재활용

★ 전지는 쓸모 있는 금속을 분리해서 다시 써요.
★ 프린터의 카트리지는 또 쓰거나 재충전해요.
★ 휴대전화는 분해해서 내부의 금속을 골라내요.
★ 코르크는 바닥 마감재나 운동 기구로 다시 만들 수 있어요.

### 재활용하기 어려운 것

재활용하기 어려운 것들도 있어요. 물질에 따라 재활용 공장의 기계를 막히게 만들거든요. 어떤 물건은 화학 물질을 너무 많이 함유해서 다시 쓰기 힘들지요. 음, 그런 종류의 물건들은 처음부터 사지 않는 것이 좋아요.

✖ 비닐 랩이나 비닐봉지
✖ 거울
✖ 비닐로 코팅한 종이나 은박을 입힌 종이
✖ 스티로폼(폴리스티렌)
✖ 테이크 아웃 커피 컵

**똑똑! 정보 창고**

# 알루미늄 재활용하는 법

우리가 사용하는 물건 중에서 알루미늄은 재활용이 잘되는 물질이에요. 재활용 수거함으로 간 알루미늄 캔의 여정을 함께 따라가 볼까요?

출발!

### ① 재활용 수거함

다 마신 음료수 캔은 분리수거함에 넣기 전에 되도록 깨끗이 헹구어요.

### 알루미늄에 관한 진실

★ 알루미늄 캔을 재활용할 때 쓰이는 에너지는 알루미늄 원료로 새로운 캔을 만드는 데 들어가는 에너지의 단 5%밖에 되지 않아요.

★ 채굴한 알루미늄의 75%가 지금도 사용되고 있어요. 계속해서 재활용되고 있거든요.

### ⑥ 다시 가게로!

새롭게 만든 캔을 음료수 공장으로 보내 내용물을 채워요. 캔을 밀봉한 다음 가게로 보내 상품으로 팔아요.

### ⑤ 재성형

알루미늄 주괴를 납작하게 눌러서 종이처럼 얇은 알루미늄 시트를 만들어요. 이 시트로 다시 새로운 캔을 만들어요.

## ❷ 수거

재활용 수거 트럭이 재활용품을 수거해서 분류 작업장으로 운반해요.

## ❸ 분류

분류 작업장에서는 직원들이 직접 하거나 기계를 조작해서 재활용품을 품목별로 분류해요. 알루미늄 캔을 철제 캔과 분리하는 데는 자석이 쓰여요. 자석은 알루미늄을 끌어당기지 않거든요.

### 창틀부터 비행기까지!

알루미늄은 금속 중에서도 재활용하기 참 쉬운 금속이에요. 가볍고, 녹이기 쉬우며, 여러 번 재활용해도 강도와 품질을 유지하거든요. 알루미늄으로는 캔만 만드는 것이 아니에요. 비행기와 자동차 부품, 자전거, 창틀을 만드는 데에도 쓰여요. 이들 또한 재활용할 수 있지요.

## ❹ 재활용

먼저 알루미늄 캔을 납작하게 우그러뜨려서 큰 덩어리로 뭉친 뒤, 알루미늄 재활용 공장으로 보내요. 공장에서는 알루미늄 덩어리를 잘게 찢은 후 깨끗이 씻어서 녹인 다음, 다시 굳혀서 커다란 덩어리로 만들어요. 이 덩어리들을 '알루미늄 주괴'라고 해요.

# 재활용, 우리 모두의 일

재활용은 저절로 되지 않아요. 알루미늄 캔을 생각해 보아요. 분리수거를 하고, 종류별로 분류하고, 새 상품으로 만들고, 가게로 운반하고……. 일정한 순서와 체계가 있지요.

## 우리 모두 힘을 합쳐야 해!

재활용이 잘 이루어지기 위해서는 개인과 업체와 공공 기관이 서로 협력해야 해요.

★ 우리가 사용한 물건 중 재활용이 가능한 품목은 반드시 분리수거함에 넣어야 해요.

★ 각 지방 자치 단체는 분리수거함을 배치하고 재활용품을 제때 수거해야 해요.

★ 누군가는 재활용품을 분류하고 가공하는 공장을 세우고 운영해야 해요. 그 누군가란 정부가 될 수도 있고, 기업이 될 수도 있지요.

★ 기업은 제품을 만드는 데 필요한 원료를 되도록이면 재활용으로 생산한 원료로 구매해요. 제품을 포장할 때도 재활용이 가능한 포장지를 사용하고, 포장지에 분리배출 표시를 붙이는 것도 도움이 되겠지요.

★ 정부는 여러 가지 방법으로 재활용을 독려할 수 있어요. 학교에서 재활용에 관해 가르치게 할 수도 있고, 재활용된 원자재를 사용하는 기업에 세금을 줄여 줄 수도 있지요.

## 모두가 재활용하는 그날까지

이 모든 일을 하룻밤 사이에 해낼 수는 없어요. 재활용 체계를 마련하는 데는 시간이 걸리고, 비용이 많이 들지요. 최근 50여 년 동안 세계 곳곳에서 재활용이 당연한 일처럼 되어 가고 있지만, 아직도 많은 지역에서는 현대식 재활용 체계를 운영하고 있지 않아요.

## 다 같이 녹색 정책!

'녹색'이라는 단어는 환경 운동을 설명할 때 자주 쓰여요. 환경 운동은 지구에 가해지는 위협을 줄이려는 사회 운동이에요. 쓰레기를 재활용하고, 오염 물질을 정화하며, 에너지 사용을 줄이는 등의 방식을 통해서요. 세계 여러 나라의 정부와 정치인들이 모두 녹색 정책을 펼치지는 않지만, 녹색 정책을 펼치려고 노력하는 나라가 매우 많아요. 국가를 운영하는 사람들을 직접 뽑을 투표권을 가지고 있다면, 재활용에 관해 가장 마음에 드는 정책과 계획이 있는 사람에게 투표할 수 있어요. 재활용뿐만이 아니라 다른 환경 문제에 관해서도 마찬가지예요.

# 재활용할 때 생기는 문제들

재활용만 하면 모든 쓰레기를 완벽하게 처리할 수 있을까요? 사실 그렇지는 않아요. 재활용을 하는 데 여러 가지 어려움이 있거든요. 재활용이 언제나 잘되는 건 아니니까요.

## 이것저것 합쳐진 물건은 재활용하기 힘들어

재활용이 쉬운 품목도 많지만, 재활용하기 어려운 품목도 많아요. 예를 들어, 전지로 가는 장난감 차는 어떨까요? 아래 그림에서처럼 리모컨으로 조종하는 장난감 차는 다양한 재료로 만들어져요.

부품을 따로따로 재활용할 수 있을지는 몰라요. 그렇지만 부품을 하나하나 분리하려면 상당히 성가시고 골치가 아플 거예요. 사람들에게 돈을 주고 분리하게 하거나, 아니면 그런 부품을 분리할 수 있는 기계를 설계해야겠지요. 그러려면 정부에서도 업체에서도 비용이 너무 많이 들 텐데, 과연 그럴 만한 가치가 있을까요?

#  재활용이 안 되는 물건

재활용하기 어려운 물건들이 생각보다 꽤 많아요. 그런 물건들은 쓰레기 매립장으로 직행하고 있지요. 바로 다음과 같은 것들이에요!

• **테이크 아웃 커피 컵**

종이로 만든 컵이지만 비닐로 방수 마감을 해서, 비닐과 종이를 분리하기가 무척 까다로워요.

• **검은색 플라스틱 재활용품**

분류 기계는 빛줄기를 비추어서 재활용할 플라스틱을 선별하고 분리해요. 그런데 검은색 플라스틱에는 그런 방식을 쓸 수가 없어서 보통 재활용이 되지 않아요.

• **에어로졸 캔**

에어로졸 캔의 주재료는 금속이지만, 캔에 플라스틱 부품이 달려 있어요. 그리고 독성이 있는 화학 물질이 담겨 있지요.

• **일회용 기저귀**

종이와 비닐, 각종 화학 물질로 되어 있어요. 물론 냄새가 고약한 분비물도 묻어 있지요.

## 아껴 쓰는 게 더 중요해!

재활용의 또 다른 문제는 사람들에게서 비롯되어요. 어떤 사람들은 재활용만 잘하면 무엇이든 마음껏 사서 써도 된다고 생각하거든요. 그렇지만 재활용이 완벽한 방식은 아니기에 그런 생각 또한 바르지 않아요. 재활용 수거함에 버려지는 품목 중 많은 수가 결국에는 쓰레기 매립장으로 버려진답니다.

설령 재활용할 수 있다고 해도 그 과정에서 여전히 연료가 쓰이고, 오염 물질이 배출되며, 비용이 많이 들어요. 그러니까 새로운 물건을 사는 일을 줄이고, 가능한 한 일회용 제품을 피하며, 물건을 재사용해야 해요.

## 똑똑! 정보 창고

# 어마어마한 플라스틱 쓰레기

요즘 우리 사회에서는 어디에나 플라스틱이 있어요. 플라스틱 중에서 일부는 재활용할 수 있지만, 플라스틱을 지나치게 많이 사용하면서 불어나는 문제가 산더미처럼 어마어마하지요.

### 플라스틱 분류하기

플라스틱은 일단 작업장에서 종류별로 선별해야 해요. 선별 작업은 사람이 직접 하기도 하고, 광학 선별기라는 기계를 사용하기도 해요. 광학 선별기는 먼저 플라스틱에 빛줄기를 비추어요. 플라스틱이 빛을 반사하는 방식을 보고 종류를 파악한 다음, 바람을 쏘아 종류별로 각각의 분류함에 날려 보내지요.

### 플라스틱에 관한 진실
★ 우리는 매년 새로운 플라스틱을 3억 톤씩 생산하고 있어요.
★ 전 세계 플라스틱의 20%만이 재활용되고 있어요.

### 그다음에는?

많은 양의 플라스틱이 재활용되지 않기 때문에 결국 쓰레기 매립장으로 가요. 재활용된 플라스틱도 몇 번이고 계속해서 재활용되는 것은 아니에요. 플라스틱은 알루미늄과 달리 재활용되고 나면 새로 만든 것만큼 튼튼하지 않아서 같은 품목으로 만들기가 힘들거든요.

플라스틱 병을 재활용해서 비슷한 물건을 만들 수도 있지만, 일부는 옷감 같은 품목을 만드는 데 쓰여요. 그러면 공장에서는 병을 만들 때 새로운 플라스틱을 쓰게 되겠지요. 사람들이 계속해서 플라스틱 제품을 사는 한은 말이에요.

재활용된 플라스틱 병을 원료로 만든 운동화예요.

## 플라스틱 재활용 분류법

재활용할 때 가장 큰 문제는 플라스틱의 종류가 굉장히 다양하다는 거예요. 종류에 따라 재활용 난이도가 들쭉날쭉하지요. 그래서 대부분의 일회용 플라스틱 제품에는 플라스틱의 종류가 적혀 있는 분리배출 표시가 있어요.

### 페트
가장 흔히 재활용되는 플라스틱이에요. 탄산음료 병이나 생수병, 샐러드를 담는 용기로 많이 쓰여요.

### 고밀도 폴리에틸렌(HDPE)
이것 역시 많이 재활용되는 플라스틱이에요. 샴푸, 세정제, 세제, 우유 등을 담는 용기로 주로 사용되어요.

### 폴리염화비닐(PVC)
비교적 재활용하기가 어려워요. 배관, 창문틀, 문틀, 자동차 부품 등에 다양하게 쓰여요.

### 저밀도 폴리에틸렌(LDPE)
재활용이 비교적 어려운 편이에요. 비닐봉지와 플라스틱 필름 등을 만들 때 사용한답니다.

### 폴리프로필렌(PP)
재활용이 가능한 경우가 많아요. 전자레인지에 사용이 가능한 포장 용기로 많이 쓰여요. 마가린을 담는 용기로 사용되기도 하고요. 또, 카펫의 재료로 가공되기도 한답니다.

### 폴리스티렌(PS)
재활용하기가 어려워요. 도시락 포장 용기, 완충재, 절연체 등으로 자주 사용되어요.

### OTHER
위에서 소개한 카테고리에 해당하지 않는 플라스틱을 말해요. 분류하기가 어려워서 거의 재활용되지 않아요.

## 세계 곳곳에서는……

쓰레기는 지구 전체의 문제예요. 지구에 사는 모든 사람에게 영향을 미치니까요. 그런데 재활용 체계와 재활용되는 쓰레기의 양은 나라별로 아주 다르답니다.

### 전 세계 재활용 1등은?

영국 웨일스
오스트리아
벨기에
대한민국
독일
싱가포르

재활용을 가장 잘하는 나라는 독일이에요. 독일은 수십여 년 전부터 선진 재활용 체계를 운영하고 있거든요. 현재 고형 폐기물의 50% 이상을 재활용하고 있어요. 그 외에 표시된 곳들은 재활용을 하는 데 앞장서는 나라예요!

### 재활용에는 공간과 돈이 필요해!

국토 면적이 아주 좁은 국가들은 대형 재활용 체계를 세울 공간이 부족해요. 또, 빈곤한 국가들은 재활용 체계를 갖출 예산이 부족하지요. 심지어 정부가 재활용을 긴급한 일로 생각하지 않는 국가들도 있어요.

태평양의 조그마한 섬나라 투발루예요. 이처럼 국토 면적이 아주 좁은 섬나라는 재활용 설비와 체계를 갖추기가 힘들 수도 있어요.

## 비공식적 재활용?

어떤 사람들은 생계를 유지하기 위해 쓰레기를 뒤져 값이 나갈 법한 물건을 주워다 팔아요. 세계 곳곳에서 흔히 볼 수 있는 일이지요. 공식적인 재활용 체계에서 벗어난 곳에서도 쓰레기들이 재활용된다는 뜻이에요.

모잠비크의 수도 마푸투에서 쓰레기를 골라내고 있는 사람들

## 재활용으로 무역을?

우리가 재활용 수거함에 버린 물건을 바다 건너 다른 나라에 보낼 수도 있어요. 어떤 나라는 자신들이 만든 쓰레기를 재활용하는 대신, 다른 나라로 팔기도 하거든요. 특히 플라스틱 쓰레기를요! 그런데 쓰레기를 왜 사냐고요? 수입한 쓰레기를 재활용해서 다시 팔면 돈을 벌 수 있기 때문이지요. 그렇지만 이런 방식은 다른 문제를 일으킬 때가 많아요. 운반되어 온 쓰레기에 재활용할 수 없는 것들이 들어 있기도 하거든요. 쓰레기를 받아들인 나라에 적절한 재활용 설비가 없을 때도 있고요. 그러면 쓰레기는 매립지에 그대로 쌓여요. 그냥 계속 쌓아 두거나 태워 버리지요.

### 쓰레기 수입 금지

2018년, 중국은 쓰레기 수입을 금지했어요. 외국에서 들여온 쓰레기로 문제가 너무 많이 발생했거든요. 말레이시아 등 다른 나라들도 문제가 있는 쓰레기들을 보내온 곳으로 돌려보냈답니다.

**똑똑! 정보 창고**

# 쓰레기를 줍는 사람들, 자발린

'자발린'은 이집트 수도 카이로에서 쓰레기를 줍는 사람들을 가리켜요. 재활용할 수 있는 쓰레기를 주워 생계를 이어 가는 사람들이지요. 그런데 쓰레기 매립장을 뒤져 쓰레기를 줍는 것이 아니라, 시내 곳곳을 돌아다니며 수거를 한답니다.

## 집집마다 돌며 쓰레기를 모아

자발린은 대부분 남자예요. 작은 수레나 트럭을 타고 시내 곳곳을 돌아다니지요. 집집을 방문해 쓰레기를 수거하고 적은 돈을 받아요. 주택뿐 아니라 고층 아파트에서도 쓰레기를 수거하지요. 그렇게 수거한 쓰레기를 자신들이 사는 도시의 외곽 마을로 가져간답니다. 모카탐도 그런 마을 중 한 곳이에요.

자발린이 쓰레기를 수레에 싣고 집으로 돌아가고 있어요.

모카탐 마을을 위에서 내려다본 모습이에요. 쓰레기가 곳곳에 잔뜩 쌓여 있어요.

# 카이로의 쓰레기 분류 과정

모카탐 마을에서는 여자와 아이들이 쓰레기를 분류한 뒤 쓸 수 있는 것들을 골라내요. 쓸 만한 물건은 팔거나 다양한 방식으로 이용하지요.

**금속**
금속 원료가 필요한 공장에 팔아요.

**판지**
골판지나 종이, 페트처럼 재활용이 쉬운 품목은 공장에 팔지요.

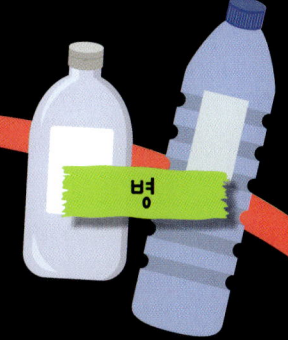
**병**
유리병이나 플라스틱 병도 싼값으로 공장에 팔아요.

음식물 쓰레기는 자발린이 키우는 돼지의 사료로 써요.

솜씨 좋은 사람들은 낡은 옷감이나 색깔이 있는 종이, 캔에 달린 고리 따개 등으로 새로운 물건을 만들어 팔아요. 카펫이나 가방, 액세서리 등을 만들지요.

**음식물 쓰레기**

**리폼**

## 최고의 재활용 선수들

2003년 즈음, 이집트 정부는 쓰레기 수거와 재활용을 자발린 대신 다국적 기업에 비용을 내고 맡기기로 결정했어요. 그렇지만 사람들은 집으로 찾아와서 쓰레기를 가져가는 자발린을 더 좋아했답니다. 게다가 다국적 기업은 85%나 되는 자발린의 쓰레기 재사용 비율에 결코 상대가 되지 못했지요. 그 결과 2017년, 이집트 정부는 마음을 바꾸어 자발린에게 도시 재활용 체계의 큰 부분을 맡겼어요.

### 카이로의 재활용에 관한 진실

★ 카이로의 인구는 1,500만 명이에요.

★ 카이로 사람들이 하루에 만들어 내는 쓰레기의 양은 15,000톤이 넘어요.

★ 자발린은 그중의 40%를 수거하고, 수거한 쓰레기의 85%를 재활용해요.

# 다양한 재활용 방법

재활용은 쓰레기를 모으고 분류한 다음 새로운 것으로 탄생시키는 과정을 말해요. 그렇지만 그건 여러 가지 재활용 방법 중에서 한 가지일 뿐이에요. 사실 재활용하는 과정에서도 연료가 쓰이기 때문에 최고의 방법은 아니지요. 차라리 물건을 여러 번 쓰는 것이 더 나은 방법일 수도 있어요.

## 다시 쓰기

음료수를 새로 사거나 병을 재활용하는 대신, 물병이나 텀블러를 여러 번 사용하면 돼요. 물을 채워서 다니면서 마시고, 집에 오면 씻어서 말려 두는 거지요. 카페나 가게에서 음료를 살 때도 텀블러를 갖고 가면 쓰레기를 줄일 수 있어요.

## 돌려주기

식자재를 파는 가게 중에는 용기를 가져가서 식품을 채워 올 수 있는 곳이 있어요. 아니면 다 쓴 용기를 가게에서 다시 쓰도록 반납할 수도 있고요.

## 고쳐 쓰기

고장 난 물건을 고쳐 쓰지 않고 그냥 버릴 때가 있어요. 다양한 강좌나 공방 수업에서 각종 물건을 수리하는 법을 가르쳐 준답니다. 인터넷이나 유튜브에서도 쉽게 찾을 수 있고요. 수리법을 배우면 물건이 고장 나더라도 버리지 않고 고쳐 쓸 수 있겠지요.

## 리폼하기

이제는 쓰기 싫어진 낡은 물건을 새로운 용도로 쓸 수 있도록 고쳐 보아요. 이를테면 이가 빠진 그릇은 화분으로 쓸 수 있지요. 이렇게 낡은 물건을 가지고 디자인이나 활용도를 더해 새 물건으로 만들어 내는 것을 '업사이클링'이라고 불러요.

## 되팔거나 물려주기

물건을 버리거나 재활용 수거함으로 가져가는 대신에 자선 단체에 기부해 봐요. 오래전에 산 옷이나 책, 가구 등을 기부하는 것도 좋아요. 또는 중고 시장에 팔거나 친구들과 맞바꿔 쓸 수도 있지요. 필요한 사람에게 물려줄 수도 있고요.

## 온라인 세상으로

★ 온라인 사이트에서 중고 물건을 사거나 팔 수 있어요.

★ 인터넷에는 물건을 리폼하는 법이나 수리하는 법을 가르쳐 주는 포스팅과 영상이 수백만 가지 있지요.

★ 인터넷에서 자선 단체를 찾을 수 있어요. 조금 낡았지만 아직 사용할 수 있는 가구나 가전제품, 장난감 등을 기부할 곳을 찾아보아요.

# 재활용하는 습관 들이기

재활용을 많이 하기 위해서는 우리 모두가 나서야 해요. 자, 여러분도 함께할 거죠?

## 언제 어디서나 재활용!

재활용을 더 잘하려면 좋은 습관을 들여야 해요.

음식을 담았던 용기는 재활용할 수 있도록 깨끗이 씻어서 말려요.

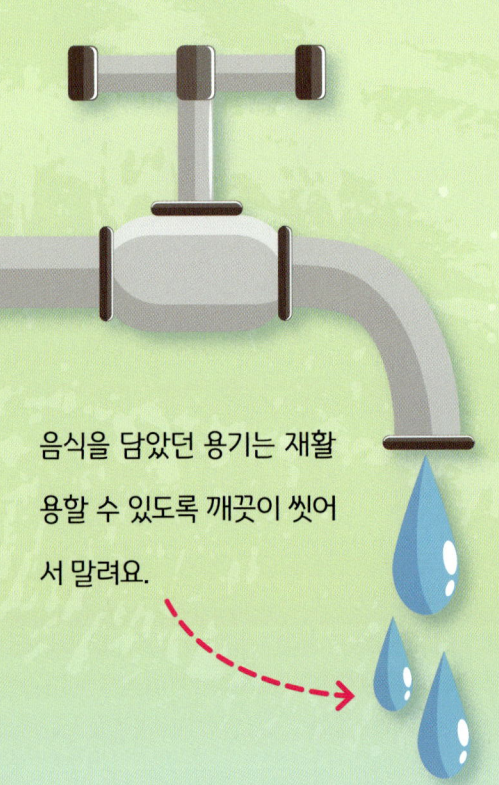

포장지는 품목별로 분류해요.

여러분이 사는 지역에서 재활용되는 품목과 수거하는 요일을 잘 기억해 두어요. 지방 자치 단체 등 공공 기관에서 재활용 정보를 알려 주는 웹 사이트를 운영하고 있을 거예요.

## 수거함 준비 완료!

★ 집에 손쉽게 재활용품들을 분류할 수 있는 공간을 마련해 봐요.

★ 작은 재활용품 함은 방마다 둬도 좋아요. 예를 들면 화장실에 하나, 방에 하나, 책상 옆에 하나, 이렇게요. 함이 꽉 차면 큰 분리수거함으로 옮겨 담아요.

★ 지역에 따라서는 마당의 낙엽이나 마른 풀잎들을 재활용하기도 해요.

주방에 음식물 쓰레기 전용 통을 마련해요.

마당에 낙엽이나 마른 풀잎 등을 모아 두는 통을 두어요.

## E-쓰레기

마트나 재활용 센터에서 전자 기기나 배터리를 수거해 재활용하기도 해요.

낡은 옷은 자선 단체에 기부해요.

## 절약, 재사용, 재활용

재활용을 잘하는 것도 좋지만, 처음부터 쓰레기를 만들지 않는 게 더 좋아요.

- **절약하기** : 물건을 되도록 적게 사요.
- **재사용하기** : 한 번 쓰고 버리는 대신, 여러 번 사용해요.
- **재활용하기** : 물건을 덜 살 수도 없고, 다시 쓸 수도 없다면 다른 방식으로 재활용해요.

### 우리 다 함께!

친구들이나 가족에게도 함께 재활용하자고 권유해 봐요. 학교나 동아리, 방과 후 활동에서 쓰레기를 줄이고 재활용한 물건을 바꿔 쓸 방법을 제안하는 것도 좋겠지요.

# 나들이를 갈 때는 이렇게!

집 밖으로 나서면 온 사방이 일회용품이에요. 테이크 아웃 컵, 샌드위치 상자, 냅킨과 나이프……. 그렇지만 너무 걱정하지 마세요. 언제나 방법은 있으니까요!

## 소풍 준비 끝!

가까운 데로 소풍을 떠나거나 멀리까지 가야 할 때 집에서 도시락을 싸 가요.

★ 벽이 이중으로 된 스테인리스 병은 음료를 차갑게 지켜 줘요.

★ 샌드위치와 샐러드도 여러 번 쓸 수 있는 용기에 담아 가요.

★ 껍질을 벗겨 먹는 과일을 가져 가면 랩이 필요 없어요!

★ 비스킷 등의 과자는 용기에 담아요.

★ 여러 번 사용할 수 있는 보냉 팩은 여름에 도시락을 쌀 때 안성맞춤이에요. 얼음 팩을 넣으면 음식 온도를 차갑게 유지할 수 있어요.

★ 열을 차단해서 열기와 냉기를 모두 지켜 주는 가방을 이용해요. (재활용할 수 있는 가방으로 골라요!)

★ 따뜻한 차나 수프도 보온병에 담아 갈 수 있지요.

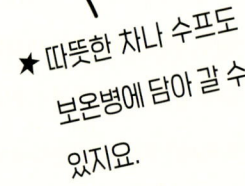

# 현명하게 소비하기

해변에 왔는데 아이스크림이 먹고 싶다고요? 포장지로 싸여 있고 막대기에 꽂혀 있는 아이스크림 대신, 콘에 담긴 아이스크림을 먹어요.

샌드위치를 사야 한다면 플라스틱 용기에 담겨 있지 않은 것으로 골라요. 깨끗하기만 하다면, 종이 상자나 종이봉투가 재활용하기 쉬워요.

커피를 사서 테이크 아웃 컵에 담아 가지 말고, 카페에 앉아서 느긋하게 마시면 매장의 컵을 이용할 수 있어요. 집에서 텀블러를 가져가도 좋고요.

## 소풍을 갈 때는?

소풍이나 캠핑을 간다면 물과 포크와 나이프를 집에서 챙겨 가요. 여러 번 사용 가능한 컵도 가져가고요.

텐트는 너무 싼 것 말고, 성능이 좋고 튼튼한 걸 사서 여러 번 사용하도록 해요. 그러면 텐트를 접고 챙기는 것이 귀찮아 두고 오는 일이 없겠지요.

### 쓰레기는 집으로!

외출했는데 분리수거함을 찾을 수 없다면? 재활용할 수 있는 쓰레기는 집으로 가져와요.

# 어떤 걸 사야 할까?

우리가 어떤 물건을 사느냐에 따라 쓰레기의 양에 큰 차이가 생겨요.

## 똑똑하게 장보기

마트나 시장에 가면, 과대 포장되지 않은 식품을 고르도록 해요. 이왕이면 재활용하기 쉬운 재질로 포장된 것으로요.

장바구니 챙기는 것을 잊지 말아요!

### 별로예요

- ☒ 물비누
- ☒ 비닐봉지
- ☒ 팩에 담긴 음료
- ☒ 랩으로 싼 과일

### 좋아요

- ☑ 고체 샴푸
- ☑ 그릇에 담긴 식품
- ☑ 유리병에 담긴 음료
- ☑ 진열대에 쌓인 과일

크기가 큰 과일이나 채소는 개별 포장이 따로 필요 없어요.

## 패스트 패션 NO!

옛날과 비교하면 요즘에는 옷이 무척 저렴하죠. 거기에는 여러 가지 이유가 있는데요. 플라스틱을 원료로 하는 옷감이 등장한 것도 한몫했어요. 그 결과 '패스트 패션'이 나타났지요. 패스트 패션이란, 저렴한 옷을 사서 한두 번 입고 빠르고 쉽게 버리는 거예요. 그러지 말고 오래 입을 수 있는 옷을 사도록 해요. 그러면 나중에 동생이나 필요한 사람에게 물려줄 수도 있잖아요.

## 중고 시장에서 옷 사기!

품질이 좋은 옷은 가격이 비쌀 때가 많지요. 그렇지만 인터넷 사이트를 이용하거나, 자선 단체의 매장에서 중고품을 사면 훨씬 저렴해요. 누군가 사용했던 물건이라서 꺼림칙하게 여겨진다고요? 깨끗이 세탁하면 되지요. 잘 살펴보면 좋은 물건도 많아요.

★ 즐겨 입던 옷이 이제 작아졌나요? 같은 디자인의 옷을 더 큰 사이즈로 찾아보아요.

★ 중고 시장에서는 일반 매장에서 살 수 없는 독특한 빈티지 스타일의 옷을 찾을 수 있어요.

★ 구매한 물건에 싫증 난다면 되팔아서 용돈을 벌 수 있어요.

### 환경친화적 원단에 관한 진실

최근 과학자들이 쓰레기를 줄일 수 있는 원단을 고안해 냈어요.
★ 피나텍스는 파인애플 나무의 잎사귀 성분으로 만들어요.
★ 콩 섬유는 콩을 가공하는 과정에서 나오는 부산물을 원료로 하고 있지요.
★ 씨셀은 해조와 나무 펄프 성분으로 이루어져 있어요.

### 재활용된 원료로 만든 물건!

물건을 고를 때는 되도록 재활용된 원료로 만든 물건을 찾아봐요. 키친타월이나 인쇄용지, 유리병, 가구를 고를 때도요.

## 똑똑! 정보 창고
# 청바지 한 벌의 기나긴 여정

여러분이 물건을 신중하게 구매하고, 아껴 쓰고, 물려주고, 재활용한다면 일상에서 사용하는 물건의 수명이 매우 길어질 거예요. 자, 이제 청바지 한 벌이 어떻게 재활용되는지 한번 살펴볼까요?

### ❶ 원자재

목화솜과 인디고 식물을 수확해서 섬유와 염료를 얻은 다음, 데님 원단을 만들어요. 이 데님 원단을 재단하고 꿰매서 청바지를 만들지요.

목화

데님 원단

### ❹ 자선 단체로

청바지를 오래오래 잘 입은 사촌 동생! 그새 작아져 버린 청바지를 자선 단체에 기부해요. 딸을 둔 엄마가 아주 저렴한 가격으로 그 청바지를 사 가요.

### ❺ 새로운 시작

딸이 청바지를 입는 동안 더 낡아져서 양쪽 무릎에 큰 구멍이 나요. 바지를 자르고 꿰매서 멋진 데님 가방을 만들어요. 남은 조각은 재활용 수거함에 넣고요.

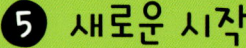

최근 의류업체들은 낡은 옷들을 수거해 재활용하기 시작했어요. 재활용 원단으로 옷을 만들기도 하지요.

### ❷ 새로운 청바지

새로 만든 청바지가 가게에 진열되어 있어요. 한 소녀가 그 청바지를 사 가서 오래오래 입어요.

### ❸ 물려주기

어느새 작아진 청바지를 동생에게 물려주어요. 동생도 그 청바지를 즐겨 입다가 작아져서 사촌 동생에게 물려주지요.

### ❻ 드디어 재활용할 차례!

재활용 수거함으로 간 데님 조각은 소파의 속을 채워 누군가에게 편안한 자리를 마련해 주어요.

## 옷 쓰레기에 관한 진실

★ 세계는 매년 1,000억 벌의 새로운 의류를 생산하고 구매해요.

★ 그중의 73%가 쓰레기 매립장으로 가거나 쓰레기로 소각되지요.

★ 옷과 다른 직물(원단)을 재활용하고 다시 사용하는 데 쓰이는 에너지는 완전히 새로 만드는 데 드는 에너지의 10%에도 미치지 않아요.

# 나만의 재활용 센터

물건을 다시 사용하고 리폼하고 가치를 더하는 방법은 무척이나 다양해요. 여러분이 시도해 볼 만한 방법을 몇 가지 소개할게요.

## 청바지로 가방 만들기

- 옷장에서 낡고 싫증 난 청바지를 찾아요. 안이 밖으로 나오도록 뒤집어서 다리 부분을 잘라 내요.

- 그림의 점선을 따라 꼼꼼히 박음질 해요.

- 바지를 다시 뒤집어요.

- 잘라 낸 다리 부분으로 손잡이를 만들어서 가방에 달면, 완성!

## 분리수거함 만들기

택배 상자 등을 활용하면 간단히 분리수거함을 만들 수 있어요.

- 택배 상자를 준비해요.

- 상자 윗면을 테이프로 밀봉해요.

- 상자의 윗면과 아랫면을 제외한 네 옆면 중에서 세 면만 윗면의 세 변과 나란히 잘라요.

- 윗면을 여러 번 여닫아 길들인 다음 뚜껑으로 만들어요.

- 이제 겉면을 예쁘게 꾸미면, 완성!

## 서로서로 옷 교환하기

더는 입지 않는 옷을 챙긴 후, 친구들과 옷을 교환하는 파티를 열어 보아요!

## 플라스틱 용기로 화분을!

★ 낡은 플라스틱 용기는 멋진 화분으로 만들 수 있어요. 부모님께 부탁해 용기 바닥에 물구멍을 몇 개 뚫어요. 그런 다음, 낡은 접시나 쟁반 위에 올려놓으면, 완성!

★ 요구르트 용기처럼 작은 플라스틱 용기는 씨앗을 심기에 적당해요.

★ 아이스크림 통처럼 조금 더 큰 용기에는 식물을 심을 수 있겠지요.

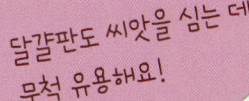

달걀판도 씨앗을 심는 데 무척 유용해요!

## 이면지로 포장지 만들기

포장지를 새로 사는 대신에 날짜가 지난 신문이나 이미 사용한 갈색 종이, 혹은 얇은 색지 등을 활용해 멋진 포장지를 만들어 보아요.

• 신문지나 이면지를 준비해요.

• 종이에 예쁜 무늬를 찍고 말려요.

• 만든 포장지로 선물을 포장하고 예쁜 리본이나 끈으로 묶어 장식해요.

## 종이 상자는 연필꽂이로!

작고 튼튼한 종이 상자는 버리지 말고 모아 두었다가, 여러 개가 모이면 하나로 연결해 연필꽂이를 만들어 보아요. 다른 문구 용품도 보관할 수 있고, 작은 화분으로도 쓸 수 있어요.

이 외에도 인터넷에 수천 가지도 넘는 재활용 아이디어가 있어요! 44쪽의 '이것도 알아 두면 좋아요!'를 참고하세요.

# 반짝반짝! 재활용 아이디어

상상력을 발휘하면 재활용으로 뭐든지 만들 수 있어요. 사람들은 언제나 새로운 재활용 아이디어를 고안해 내지요. 기발한 사례들을 살펴볼까요?

## 플라스틱으로 도로를 놓는다고?

일회용 플라스틱을 재활용해 더 많은 일회용 플라스틱을 만드는 대신, 플라스틱을 사용해서 수명이 아주 긴 것을 만들 수도 있어요. 예를 들어 플라스틱을 원료로 건물을 짓고 도로를 놓는 거예요.

### 스마트 메달!

2021년, 일본 도쿄 올림픽에서는 선수들에게 줄 메달을 재활용한 금속으로 만들었어요. 일본 국민이 기부한 컴퓨터와 스마트폰의 부품에서 얻은 금속으로 제작했다지요.

## 컨테이너로 만든 집

컨테이너는 화물 수송에 쓰이는 커다란 상자예요. 오래 쓴 컨테이너로 집을 만들 수 있어요. 컨테이너를 차곡차곡 쌓아 여러 층의 집을 짓는 거지요.

전 세계에서 예술가들이 버려진 재료로 근사한 재활용 예술 작품을 만들고 있어요. 가나 출신으로 나이지리아를 기반으로 활동하고 있는 엘 아나추이는 세계적 설치 미술가이자 재활용 예술 분야에서 손에 꼽히는 작가예요. 엘 아나추이가 만든 화려하고 거대한 설치 작품은 마치 천을 늘어뜨린 것처럼 보이지만, 사실은 수천 개의 버려진 금속 병뚜껑을 납작하게 만들어서 금속 선으로 연결한 거랍니다.

## 재활용 예술

〈세계에 있지만 세계를 알지 못하는(In the World but Don't Know the World)〉, 엘 아나추이, 2009년.

## 백만 개의 병으로 지은 사원

1980년대, 태국 시사켓의 스님들은 교외 지역에 버려진 맥주병들을 줍기 시작했어요. 병이 너무 많아지자 스님들은 병을 활용해 절을 짓기로 했지요! 사람들이 병을 더 시주했고, 현재 유리병으로 지은 건물이 무려 20채가 넘는답니다. 작은 법당이 여러 채, 수상 탑, 거기에 유리병으로 지은 관광객용 화장실도 있어요.

유리병 절의 정식 이름은 '왓 파 마하 체디 깨우'예요. '백만 개의 병으로 지은 사원'이라고도 불려요.

# 궁금해! 재활용의 미래

이제 사람들은 재활용에 대해 많이 알아요. 재활용이 지구 환경에 좋은 영향을 주기 때문에 되도록 많이 해야 한다는 것도 알고 있지요.

## 아직은 부족해!

전 세계에서 사람들이 만들어 내는 쓰레기의 고작 20%만이 재활용되거나 퇴비로 쓰여요. 나머지는 쓰레기 매립장으로 직행하거나, 소각되거나, 어딘가에 그냥 버려져요. 우리가 계속 노력한다면 미래에는 쓰레기의 대부분을 재활용할 수 있을까요?

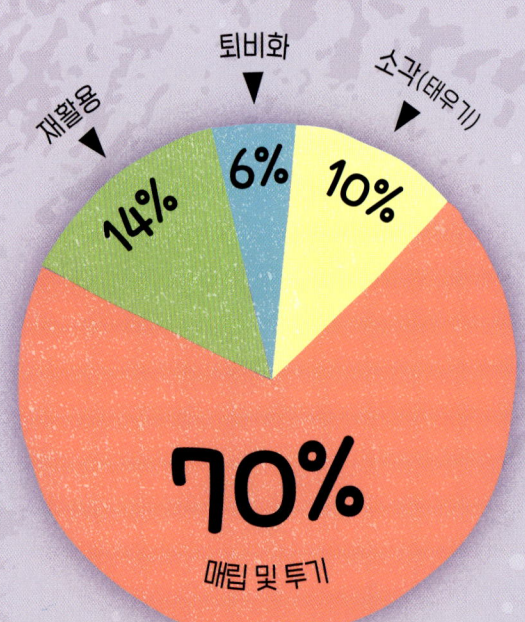

## 우리에겐 선택권이 없어!

세계 인구는 계속해서 늘어나는 중이고, 화석 연료 같은 에너지는 바닥을 보이고 있어요. 지구에 사는 사람이 수십억 명에 달하다 보니, 금속 등의 천연자원도 다 써 가고 목화나 목재를 경작할 땅도 점점 더 부족해지고 있지요. 그만큼 우리가 소비를 줄이고 물건을 재사용하고 재활용하는 일이 중요해지고 있어요. 앞으로는 중고나 재활용품들의 가치가 더 높아질 거고, 더 많은 물건과 자원을 절약하고 다시 쓰게 될 거예요.

## 재사용 가능한 포장재 개발 중!

발명가들은 쓰레기를 덜 만들면서 재활용과 재사용이 가능한 포장재와 일상용품을 계속해서 새롭게 고안하고 있어요. 사람들은 과거에 쓰이던 전통 방식들도 되살릴 거고요. 기업들은 재활용이 가능한 제품을 만들고 재활용된 원자재를 사용할 거예요. 그렇지 않으면 뒤처질 테니까요.

최근 들어, 재사용이 가능한 유리병에 담긴 우유가 다시 판매되고 있어요.

## 쓰레기 매립장을 재활용할 수 있을까?

사람들은 벌써 쓰레기 매립장의 쓰레기들을 다시 사용하는 방법을 개발하기 시작했어요. '매립지 채굴'이라고 부르는 이 과정은 매립된 쓰레기에서 유용한 화학 물질이나 금속 등을 뽑아내는 거예요.

### 연료
쓰레기에서 유용한 물질을 뽑아내고 나면, 남은 덩어리를 활용해서 기체 연료로 만들 수 있어요.

### 건설 자재
다른 쓰레기는 압축하여 단단한 벽돌로 만들 수 있어요. 재활용한 벽돌로 집이나 건물을 지을 수 있겠지요.

### 새로운 땅
재활용해서 만든 벽돌로 새로운 땅을 만들 수 있어요. 해수면이 상승하는 상황에서 사람들이 살 수 있는 공간이 더 늘어나겠지요.

우리가 사용한 것들을 대부분, 아니 사용한 것들을 모두 다 재활용하기까지는 가야 할 길이 아직 멀어요. 그렇지만 우리가 힘을 합쳐서 계속 노력한다면, 재활용의 미래는 훨씬 밝아질 거예요!

## 이것도 알아 두면 좋아요!

### 인터넷에 접속해요!

**〈그린피스〉** www.greenpeace.org/korea/
국제 환경 보호 단체. 해양 보호, 플라스틱 제로, 석탄 사용 줄이기, 탈핵, 기후 에너지 등의 캠페인을 벌여요.

**〈리싸이클뉴스〉** m.blog.naver.com/recnews
재활용 커뮤니케이션 뉴스. 지구의 환경을 생각하며 사용하다 버린 쓰레기에서 황금을 찾는 리싸이클 산업에 대한 인식과 정보를 다루어요.

**〈옷캔〉** https://otcan.org
옷캔은 한글 '옷' + 영어 'CAN'의 합성어로, 의류 폐기물 감축을 위해 재사용·재활용·자원화 세 가지 프로젝트를 중점으로 활동하는 환경 NGO 단체예요.

**〈쓰레기 백과사전〉** https://blisgo.com/
세상 모든 쓰레기의 올바른 처리 방법, 정확한 분리배출법, 유용한 재활용 방법 등을 소개해요.

### 영상을 감상해요!

**〈트래슈트(Trashed)〉**

인간이 만드는 쓰레기와 오염이 지구 전체에 어떤 영향을 끼치는지 보여 주는 다큐멘터리 영화예요.

제25회 도쿄 국제 영화제에서 '토요타 지구 그랑프리 심사 위원 특별상'을 수상했어요.

### 선생님과 학부모님들께

본문에 소개한 인터넷 사이트와 영상들에 유해한 정보가 없는지 여러 면에서 확인했으나, 인터넷의 특성상 이후 어떤 콘텐츠가 업데이트될지 알 수 없습니다. 따라서 어린이 독자들이 해당 사이트에 접속할 때에는 보호자가 꼭 함께해 주시길 바랍니다.

## 똑똑! 재활용 용어

**광학 선별기** 빛을 쏘여서 플라스틱의 종류를 파악하고 분류하는 기계를 말해요. (22쪽)

**나일론** 플라스틱을 원료로 만든 합성 섬유의 일종이에요. 옷 등을 만드는 데 쓰여요. (8쪽)

**녹색 정책** 녹색 정책이나 녹색 정치는 정책을 정하거나 정치를 할 때 지구를 우선순위로 두고 자연환경을 보호하는 데 주력한다는 뜻이에요. (19쪽)

**단열재** 열을 차단하거나 보존할 목적으로 덧대는 재료를 말해요. (14쪽)

**데님** 면직물의 일종으로 질기고 잘 해지지 않아요. 청바지의 원단이에요. (36, 37쪽)

**리폼** 낡거나 오래된 물건을 고치거나 수선해서 새로운 용도의 물건으로 만드는 일을 말해요. (27, 29, 38, 39쪽)

**배터리액** 특정한 배터리에 필요한 용액으로 강한 산성을 띠어요. (13쪽)

**사료 자루** 직물로 만든 큰 부대로, 동물의 사료 등을 운반하는 데 쓰였어요. (6쪽)

**서식지** 생물이 살아가는 주위 환경이나 자연 상태의 집을 말해요. (10쪽)

**섬유** 가는 실 모양의 물질로, 자연 섬유와 인공 섬유가 있어요. 옷감을 만드는 재료예요. (8, 14, 35, 36쪽)

**소각** 불에 태워서 없앤다는 뜻이에요. (37, 42쪽)

**수명** 생물이 살아 있는 기간이나, 플라스틱 등의 사물이 사용에 견디는 기간을 말해요. (36, 40쪽)

**스판덱스** 탄성이 좋은 합성 섬유로, 스포츠 의류를 만드는 데 많이 사용해요. (8쪽)

**알루미늄** 가벼운 은백색 금속이에요. 부드러워서 가공하기 쉬워요. (14, 16, 17, 18쪽)

**업사이클링** 낡고 싫증 난 물건이나 버려진 물품을 바꾸어서 새롭고 가치 있는 것으로 만드는 일을 말해요. (29쪽)

**원료** 어떤 물건을 만드는 데 들어가는 원재료로, 어떤 변화도 가해지지 않은 상태의 물질이에요. (10, 11, 18, 22, 27, 35, 40쪽)

**에너지** 물건을 움직이고 일하게 하는 힘이에요. (16, 37, 42, 44쪽)

**에어로졸 캔** 스프레이 캔의 일종으로, 액체가 압축된 상태에서 담겨 있어요. (21쪽)

**와판** 중국 전통 건축 기법으로, 오래된 건물 자재를 이용하여 새로운 벽을 쌓는 것을 일컬어요. (7쪽)

**자발린** 이집트 카이로에서 시내를 돌며 쓰레기를 수거하여 재활용하는 일을 하는 사람들이에요. (26, 27쪽)

**재활용 공장** 사용한 물품을 재활용하거나 사용한 물품으로 새로운 물질이나 물건으로 만드는 공장을 가리켜요. (11, 17쪽)

**침출수** 쓰레기 매립장에서 흘러나오는 물로, 해로운 화학 물질을 함유하고 있어요. (13쪽)

**퇴비** 식물이나 남은 음식 등을 썩힌 비료로, 토양을 기름지게 해요. (31, 42쪽)

**폴리에스터** 플라스틱을 원료로 만든 합성 섬유의 일종이에요. (8쪽)

**합성** 사람이 인공적으로 만드는 것을 말해요. 천연 원료를 가공하고 변화를 주어서 새로운 것을 만드는 것을 뜻해요. (8쪽)

**화석 연료** 땅 밑에서 나는 연료로, (휘발유의 원료인) 석유나 석탄, 가스 등을 의미해요. (42쪽)

**환경 운동** 19세기에 시작된 정치 운동으로, 우리 주위의 자연환경을 보호하는 것이 목적이에요. (19쪽)

**쓰레기 매립장** 쓰레기를 모아서 파묻는 곳이에요. 쓰레기를 버린 뒤 그 위를 덮어요. (10 12, 13, 21, 22, 26, 37, 42, 43쪽)

**지은이 애나 클레이본**
영국 요크셔에서 어린 시절을 보낸 뒤, 옥스퍼드 대학교와 캐나다 토론토에서 영문학을 공부했어요. 현재는 프리랜서 작가와 편집자로 활동하고 있답니다. 과학과 자연 분야에 관심이 많아서 야생 동물과 화산, 지진 등에 관한 책을 많이 썼어요. 국내에 소개된 책으로 《팬데믹 지구》와 《뜨거운 지구》가 있어요.

**옮긴이 김선영**
어린이와 청소년을 위한 책을 기획하고 번역하고 있어요. 그동안 옮긴 책으로 《플라스틱 지구》, 《뜨거운 지구》, 《남친보다 절친 프로젝트!》, 《이번 실수는 완벽했어!》, 《엉덩이로 자동차 시동을 건다고?》, 《관심이 제일 중요해 : 난민》 외 여러 권이 있어요.

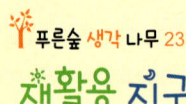

## 재활용 지구

**첫판 1쇄 펴낸날** 2022년 6월 30일 | **2쇄 펴낸날** 2023년 6월 30일 | **지은이** 애나 클레이본 | **옮긴이** 김선영 | **발행인** 김혜경 | **편집인** 김수진 **주니어 본부장** 박창희 | **편집** 강정윤 조승현 | **디자인** 전윤정 김혜은 | **마케팅** 최창호 임선주 | **경영지원국** 안정숙 | **회계** 임옥희 양여진 김주연 **인쇄** 신우인쇄 | **제본** 에이치아이문화사 | **펴낸곳** (주)도서출판 푸른숲 | **출판등록** 2003년 12월 17일 제2003-000032호 | **주소** 경기도 파주시 심학산로 10, 우편번호 10881 | **전화** 031)955-9010 | **팩스** 031)955-9009 | **홈페이지** www.prunsoop.co.kr | **이메일** psoopjr@prunsoop. co.kr | **인스타그램** @psoopjr | ⓒ푸른숲주니어, 2022 | ISBN 979-11-5675-332-2 (74080)  979-11-5675-030-7 (세트)

잘못된 책은 구입하신 서점에서 바꾸어 드립니다. 본서의 반품 기한은 2028년 6월 30일까지입니다.
KC 마크는 이 제품이 공통안전기준에 적합하였음을 의미합니다. 던지거나 떨어뜨려 다치지 않도록 주의하세요.


**Recycled Planet** by Anna Claybourne
Copyright ⓒ Hodder & Stoughton Limited., 2021
First published in Great Britain in 2021 by Hodder & Stoughton Limited.
Korean edition copyright ⓒ Prunsoop Publishing Co., Ltd., 2022
All rights reserved.

This Korean edition published by arrangement with Hodder & Stoughton Limited, on behalf of its publishing imprint Franklin Watts, a division of Hachette Children's Group, through Shinwon Agency Co., Seoul.

이 책의 한국어판 저작권은 신원 에이전시를 통해 Hodder & Stoughton Limited와 독점 계약한 (주)도서출판 푸른숲에 있습니다.
저작권법에 의해 한국 내에서 보호를 받는 저작물이므로 무단 전재와 복제를 금합니다.